LE COMTE DE COMINGES

RELATION INÉDITE

DE

L'ARRESTATION DES PRINCES

(18 JANVIER 1650)

ÉCRITE PAR

LE COMTE DE COMINGES

ET

PUBLIÉE AVEC NOTES ET APPENDICE

PAR

PHILIPPE TAMIZEY DE LARROQUE

(Extrait de la *Revue des questions historiques* du 1er octobre 1871.)

PARIS

BUREAUX DE LA REVUE
LIBRAIRIE DE VICTOR PALMÉ, ÉDITEUR
Rue de Grenelle-Saint-Germain, 25
1871

LE COMTE DE COMINGES

ET SA RELATION INÉDITE DE L'ARRESTATION DES PRINCES EN 1650

Gaston-Jean-Baptiste de Cominges, seigneur de Saint-Fort [1], de Fléac [2] et de La Réole [3], si célèbre sous le nom de Comte de Cominges, naquit l'an 1613, on ne sait trop en quel lieu [4]. Son père, Charles de Cominges, mérita d'être compté parmi les plus spirituels et les

[1] Aujourd'hui commune du département de la Charente, arrondissement de Cognac, canton de Segonzac.

[2] Aujourd'hui commune du même département, arrondissement et canton d'Angoulême.

[3] Il existe deux communes de ce nom, l'une, chef-lieu d'arrondissement du département de la Gironde ; l'autre, commune du département de la Haute-Garonne (arrondissement de Toulouse, canton de Cadours). C'est de la première de ces localités qu'il s'agit ici.

[4] Je ne trouve, du moins, nulle part, l'indication de ce lieu, et j'ai cependant consulté toutes les notices consacrées au comte de Cominges, notamment celle du P. Anselme (*Histoire généalogique des grands officiers de la Couronne*, t. II, p. 666), celle de Moréri (*Le Grand Dictionnaire historique*, etc., édition de 1759, t. III, p. 864), celle de Pinard (*Chronologie historique militaire*, t. IV, p. 156). Je ne cite pas nos recueils biographiques contemporains, car ni la *Biographie universelle*, ni la *Nouvelle Biographie générale* n'ont daigné donner le plus petit article à celui qui, comme le rappelle Saint-Simon (*Mémoires*, édition Chéruel, in-12, t. VI, p. 303), « fut un homme important toute sa vie. »

plus braves de son temps, comme nous l'apprennent Tallemant des Réaux [1] et Robert Arnauld d'Andilly [2] : maître d'hôtel du Roi, capitaine de ses gardes, il fut glorieusement tué au siége de Pignerol (mars 1630) [3]. Gaston paraît avoir été le seul enfant issu du mariage contracté, le 11 décembre 1611, entre Charles de Cominges et Marie du Guip. A vingt-cinq ans, il fut fait capitaine d'une compagnie de chevau-légers, et assista successivement, en cette qualité, aux siéges de Saint-Omer (1638), d'Hesdin (1639), d'Arras (1640), d'Aire (1641). Lieutenant, en 1644, de la compagnie des gardes du corps de la reine-mère, compagnie dont le capitaine était François de Guitaut, frère de Charles de Cominges [4], Gaston fut, à partir de cette époque, le plus fidèle et le plus zélé des serviteurs de cette princesse [5]. En échange de son inaltérable dévouement, Anne d'Autriche lui témoigna toujours une extrême confiance, le chargeant des missions les plus délicates et le traitant en toute occasion comme un de ses plus sûrs amis [6]. Ce fut lui qu'elle envoya, dans l'été de 1646,

[1] *Historiette de madame de Villars* (t. I, p. 216). Là, Tallemant dit que c'était un homme d'esprit, bien fait, et qui avait beaucoup de succès auprès des femmes.

[2] « M. de Cominges-Guitaut, père de M. de Cominges d'aujourd'hui, mort capitaine du régiment des Gardes, d'une blessure qu'il reçut en Piémont, et auparavant capitaine au régiment de Champagne, qui était l'un des hommes du monde le mieux fait, très-brave, et qui avait beaucoup d'esprit, etc. » (*Mémoires*, édition de Hambourg, 1734, p. 61.)

[3] M. P. Paris (*Commentaire de l'Historiette de madame de Villars*) n'a connu ni le véritable prénom, ni la véritable date de la mort de Charles de Cominges. Ce critique, si exact d'ordinaire, s'exprime ainsi : *Pierre* de Cominges, capitaine des gardes de la Reine et gouverneur de Saumur, comme le fut ensuite son fils, était mort *dès* 1651, car à cette date je lis une anecdote qui le concerne dans un livre intitulé : *Suite de petits traités en forme de lettres écrites à diverses personnes studieuses* (Paris, Courbé). On y dit : « Feu M. de Cominges, frère de M. de Guitaut, et celuy que vous m'aviez souvent ouy tenir pour le gentilhomme de son temps qui avoit le plus d'éloquence naturelle, etc. » *Pierre* de Cominges, au lieu d'être le père de Gaston, fut son grand-père (voir l'article *Pechpeyrou* dans le Moréri de 1759, t. VIII, p. 153). Ni *Pierre*, ni *Charles* de Cominges ne furent gouverneurs de Saumur.

[4] François de Cominges, comte de Guitaut, qui mourut à Paris, d'une attaque d'apoplexie, le 12 mars 1663, âgé de quatre-vingt-deux ans. Le cardinal de Richelieu essaya vainement de le gagner (*Historiettes* de Tallemant des Réaux, t. II, p. 257). D'après le même chroniqueur (t. III, p. 413), il fut aimé de Mme de Rohan et, un jour, « la battit bien serré. »

[5] Pinard prétend qu'il *ne la quitta plus*. C'est une singulière exagération. Cominges, au contraire, la quitta souvent, comme on le verra en parcourant cette notice.

[6] M. Michelet (*Histoire de France. Richelieu et la Fronde*, p. 203) a cru qu'il avait été plus que l'ami d'Anne d'Autriche et l'a soupçonné d'avoir été le père de Louis XIV. Je ne discuterai pas une aussi étrange hypothèse, mais je relèverai l'énorme erreur que commet M. Michelet en avançant que Mazarin envoya mourir son rival en Italie. Ce prétendu rival mourut, *neuf ans après Mazarin, à Paris*, et ce fut son père, comme nous l'avons vu, qui fut tué en Italie, quarante ans auparavant. Ce qu'il y aurait de vrai, s'il fallait admettre

vers les ducs d'Orléans et d'Enghien, alors en Flandres, pour qu'il
priât le premier de revenir auprès d'elle et de laisser achever la campagne au vainqueur de Rocroy [1]; ce fut lui qu'elle envoya, en
octobre 1647, à l'armée qui assiégeait la ville de Lens « pour rassurer les esprits et confirmer les troupes du maréchal de Gassion dans
le dessein de servir le Roi aussi fidèlement que par le passé [2]; » ce fut
à lui qu'elle donna la rude et difficile tâche d'enlever de Paris, au
plus fort des troubles de la Fronde (26 août 1648), le conseiller
Broussel, « l'idole du peuple [3]; » ce fut, enfin, de lui qu'elle se servit pour faire conduire au château de Vincennes (18 janvier 1650),
le prince de Condé, le prince de Conti et le duc de Longueville.

Entre ces deux opérations, je dois signaler le séjour de Gaston de
Cominges en Guyenne (juin-octobre 1649). Le nouveau maréchal
de camp [4] fut envoyé par la cour dans cette province pour mettre
un terme aux agitations causées par la querelle du duc d'Epernon
et du parlement de Bordeaux [5]. Mais les réciproques griefs étaient

le témoignage de Montglat (*Mémoires*, édition de 1728, in-12, t. I, p. 214
et 215), c'est que François de Guitaut, qui parlait fort librement à Louis XIII,
obtint de lui, à force d'instances, un soir du mois de décembre 1637, secondé
d'ailleurs par une effroyable tempête, qu'il allât souper et coucher avec Anne
d'Autriche, et, cette nuit même, « la Reine devint grosse du Dauphin. »

[1] Cominges devait représenter au duc d'Orléans, qui venait de prendre
Mardick (25 août), que Sa Majesté, craignant qu'il ne succombât aux fatigues de
la campagne, alors que sa personne était si nécessaire au Roi et au royaume,
le conjurait de ne plus s'exposer aux hasards de la guerre et de venir se mettre à la tête du conseil. Il portait, en même temps, au duc d'Enghien le commandement général de l'armée. Voir les *Mémoires* de Mme de Motteville (édition Riaux, t. I, p. 283, 286).

[2] *Mémoires* de Mme de Motteville, *ibid.*, p. 388.

[3] Sur cette expédition, qui faillit être si dangereuse pour Cominges, voir,
outre tous les mémoires contemporains, le très-attachant récit de M. Michelet
(volume déjà cité, p. 320). Rarement, le pittoresque historien a eu plus de verve
qu'en retraçant les mille péripéties de l'enlèvement du bonhomme Broussel.

[4] Son brevet avait été signé le 22 avril 1649. Cominges obtint définitivement
la compagnie des gardes du corps de la Reine, à la suite de la démission de
son oncle, le 3 mars 1650, et, le même jour, lui furent délivrées les provisions
du gouvernement de Saumur, en survivance de ce même oncle, gouvernement
alors vacant par la mort récente du duc de Brézé, père de la princesse de
Condé. Cominges entra, le 1er avril suivant, dans le château de Saumur, après
quelques difficultés faites par le capitaine Du Mont, qui avait occupé ce château au nom du prince de Condé. Voir sur l'affaire de Saumur les *Mémoires*
de Mme de Motteville (t. III, p. 124), les *Mémoires* du cardinal de Retz (édition Aimé Champollion-Figeac), t. II, p. 220, et les *Instructions* de Mazarin (à
l'appendice du même volume, p. 369, 389), etc.

[5] J'ai vu, à la Bibliothèque du Louvre, dans les papiers de la famille d'Argenson (F. 325/1, n° 17, p. 255), un imprimé intitulé : *Commission du Roy à M. de
Cominges pour donner la paix* à Bordeaux. La commission est datée de Compiè-
gne, le 7 août 1649. Cominges y est appelé « conseiller en nos conseils d'Estat
et privé, maréchal de nos camps et armées, capitaine de la compagnie des
gardes du corps de la Reine régente, etc. » Il y a aussi (*Ibid.*, p. 276) une lettre

déjà trop graves et trop nombreux, ils étaient surtout trop envenimés par la passion de chacun des adversaires, pour qu'aucune intervention pût, en de telles circonstances, se produire utilement. Après toute sorte d'efforts et de démarches, Cominges dut se résigner à écrire au cardinal Mazarin que les négociations avec MM. de Bordeaux étaient rompues, ajoutant avec amertume : « Je suis au désespoir que tant de peine et de soin que j'ai employés pour des rebelles et des ingrats aient eu un si médiocre succès [1]. » Sur le séjour de Cominges à Bordeaux, à Cadillac, à Agen, il faut voir, dans le même recueil, diverses autres lettres, les unes à lui adressées, les autres écrites par lui. Parmi les dernières, je citerai (t. IV, p. 361) une lettre à Mazarin (d'Agen, le 3 juillet 1649), une autre (*Ibid.*, p. 368) au même (de Cadillac, le 3 août 1649), une autre (*Ibid.*, p. 383) à M. de Guitaut (du 18 août 1649). Parmi les premières, je citerai (*Ibid.*, p. 378) une lettre du duc d'Epernon à Mazarin (du 5 août 1649), une lettre au même (*Ibid.*, p. 415), de Thibaut de La Vie, avocat général au parlement de Bordeaux (16 septembre 1649), une lettre au même (*Ibid.*, p. 428), du duc d'Epernon, lettre où, sous la date du 13 octobre 1649, je relève ce passage : « M. de Comenges a sy dignement servy et avec tant de zelle et d'ardeur, que je ne le puis voir partir sans douleur, ni sans rendre ce tesmoignage à la vérité et à sa vertu, d'asseurer que l'on ne sauroit treuver un plus homme d'honneur, plus habile, ny plus attaché au service de S. M., ny à celuy de V. E. [2]. »

Malgré son échec, le négociateur revint en Guyenne l'année suivante, et nous l'y trouvons mêlé à diverses graves affaires [3]. Il y revint

du comte René Voyer d'Argenson à son fils, du 14 juin 1649, annonçant l'arrivée au château de Cadillac de Gaston de Cominges. Guy Patin, dans une lettre du 19 juin 1649 (p. 155 du t. I, édit. de 1846), dit : « La Reine y a envoyé (à Bordeaux) M. de Cominges, lieutenant des gardes, y faire exécuter les ar.icles du traité de paix, à la place de M. d'Argenson, qui avait tout gâté. »

[1] *Archives historiques du département de la Gironde*, in-4°, t. IV, p. 397. Lettre du 29 avril 1849.

[2] Dans le 11e volume des *Archives historiques du département de la Gironde*, on peut lire (p. 778) des lettres d'attache du duc d'Epernon, adressées aux jurats de La Réole, au sujet de la réception du sieur de « Comenges » en la charge de capitaine et gouverneur de la ville et du château de La Réole (16 juin 1649), charge de laquelle le Roi lui avait fait don le 12 mai 1648, après démission du marquis de Roquelaure. Peut-être Cominges ne fut-il jamais que gouverneur et non seigneur de La Réole, et sa prétendue seigneurie ne résulte-t-elle que d'une faute d'impression copiée trop religieusement dans le P. Anselme ! Quoi qu'il en soit, on a fort inexactement appelé, dans une note mise au bas du document que je viens de citer (p. 379), ce gouverneur *Louis* de Guitaut, et confondu ainsi le fils avec le père. Voir (même page) une courte lettre de Cominges, écrite vers 1650 aux jurats de La Réole.

[3] Voir, dans les *Archives historiques du département de la Gironde* (t. IV, p. 451, 459, 468), trois lettres écrites par Cominges à Mazarin, les deux premières de Fléac, la troisième de Nontron, le 3 juin, le 6 juin et le 15 juin 1650. Y voir encore (p. 472) une note, du 20 juin 1650, rédigée par Cominges pour François de Guitaut.

encore en 1652, non plus comme diplomate, mais comme lieutenant général [1], et comme auxiliaire, à ce titre, du duc de Vendôme, qui commandait les armées de terre et de mer, chargées d'assurer la pacification de cette province [2].

Employé à l'armée d'Italie, le 4 octobre 1653, Cominges passa l'hiver dans le Milanais. Au printemps de 1654, il alla en Catalogne, se distingua au siége de Villefranche, au secours de Roses, et, le 24 septembre, il investit la ville de Puycerda, qui se rendit le 21 octobre [3]. Ce fut là le terme de sa carrière militaire.

Envoyé en Portugal, comme ambassadeur extraordinaire, le 10 mai 1657, le comte de Cominges fit son entrée solennelle à Lisbonne le 16 juillet de la même année, et revint en France au mois de juillet 1659 [4]. Il fut reçu chevalier de l'ordre du Saint-Esprit, le 31 décembre 1661, en même temps que son vieux oncle François de Guitaut, et que son cousin Guillaume de Pechpeyrou et de Cominges, comte de Guitaut, chambellan et premier gentilhomme de la chambre du prince de Condé. Nommé ambassadeur en Angleterre, à la fin de

[1] Sa nomination est du 10 juillet 1652. Entre les voyages de 1650 et de 1652 en Guyenne, se place un voyage de Cominges au Havre où la Reine régente l'avait envoyé (février 1651) pour féliciter, de sa part, les princes de leur mise en liberté. N'était-il pas piquant de voir le même personnage qui, par ordre de la Reine, avait mené, l'année précédente, les princes au donjon de Vincennes, les complimenter, au nom de la même princesse, au sujet de leur sortie de prison ? C'étaient de tels revirements qui faisaient dire à La Rochefoucauld : « Tout arrive en France. »

[2] Le 25 juillet 1652, Cominges fut attaché à l'armée de Guyenne, où il servit jusqu'à la réduction de la ville de Bordeaux (31 juillet 1653). Voir une lettre de Cominges au cardinal Mazarin, écrite de Blaye, le 19 mai 1653 (p. 156 du t. VIII des *Archives historiques* déjà plusieurs fois citées). Voir encore diverses lettres écrites au même cardinal, au sujet de Cominges, par le duc de Vendôme, le 24 mars, le 7 avril, le 13 mai 1653 (p. 301, 322 du t. VII, et p. 150 du t. VIII du même recueil). Dans la seconde de ces lettres, Vendôme déclare qu'il se réjouit d'avoir Cominges pour lieutenant général. Dans la dernière, il annonce que « MM. de Nucheze et de Comenges agissent avec autant de chaleur et de capacité qu'il se peut. » Citons enfin (*Ibid.*, p. 442) ce passage d'une lettre de l'évêque de Tulle (Guron de Rechignevoisin) à Mazarin (du 7 juin 1653) : « M. de Comenge ne perd pas un moment de temps, et y apporte le zèle et l'affection qu'on peut souhaiter. »

[3] Sur Cominges à Puycerda, voir les *Mémoires* de Bussy-Rabutin (éd. Lud. Lalanne, t. I, p. 394, 395), l'*Histoire militaire du règne de Louis le Grand* par le Mis de Quincy (t. I, p. 191, 192), etc.

[4] Mme de Motteville parle ainsi, sous l'année 1658, d'une princesse du Portugal qui aurait vivement désiré se marier avec Louis XIV (t. IV, p. 122) : « Cominges, qui était alors ambassadeur en Portugal, et avait envoyé à la Reine un portrait de cette princesse, qui la faisait belle quoiqu'elle ne le fût pas, m'a depuis conté que la reine de Portugal, sa mère, offrait au ministre de grands trésors pour obtenir que la princesse, sa fille, fût reine de France ; et que, ne pouvant se retenir sur le dépit qu'elle eut du voyage de Lyon, elle lui dit, un jour, qu'elle était étonnée de ce que le roi de France choisissait si mal. »

C.*

l'année 1662 [1], il fit son entrée publique à Londres, le 14 avril 1663, et eut son audience de congé le 10 décembre 1665. Il mourut cinq ans plus tard (25 mars 1670), et fut enseveli, le lendemain, dans l'église de Saint-Roch.

Pour compléter cette rapide notice et pour ne laisser rien de côté, pas même les plus petits faits, revenant sur mes pas, j'ajouterai qu'en 1649, le 6 janvier, entre trois et quatre heures du matin, Cominges heurta à la porte de la chambre de Mademoiselle de Montpensier, et lui annonça le départ de la Cour pour Saint-Germain, l'invitant à se joindre en toute hâte à la Reine, au Roi et au duc d'Orléans [2]; que, les 7 et 8 juin de la même année, il fut chargé de faire passer des armes aux officiers qui tenaient le parti du Roi dans Bordeaux [3] ; que, cette même année, le 15 août, il reçut mission d'arrêter les officiers du régiment de la Reine qui étaient suspects [4]; qu'en 1650, il eut ordre d'arrêter « aussi Du Dognon, connu, depuis qu'il se fut fait faire maréchal de France pour rendre Brouage, sous le nom de maréchal Foucaut [5] ; » qu'en 1651, le 6 juillet, dès cinq heures du matin, il éveilla la Reine pour lui apprendre la nouvelle du brusque départ de Paris du prince de Condé, de sa famille et de

[1] Cette date, que l'on ne trouve dans aucune des biographies de Cominges, m'est fournie par une lettre inédite de l'ambassadeur, écrite de Calais à M. de Lionne, le 30 décembre 1662 (Bibliothèque Nationale. Recueil de copies des dépêches diplomatiques de Gaston de Cominges, *Fonds français*, vol. 10712). Les dépêches, presque toutes adressées à Louis XIV et à son ministre des Affaires étrangères, à raison de sept à huit par mois, vont jusqu'au mois d'avril 1665 (la dernière étant destinée à Colbert). M. Ravaisson a reproduit (*Archives de la Bastille*, t. II, p. 425, 426) deux fragments de deux de ces dépêches relatives à Samuel de Sorbière (juillet 1664). C'est, si je ne me trompe, tout ce que l'on a publié jusqu'ici d'un recueil qui mériterait, soit quant au fond, soit quant à la forme, d'être plus connu.

[2] *Mémoires* de Mlle de Montpensier, édition Chéruel, t. I, p. 195. Sur l'estime et l'affection que Cominges inspirait à Mademoiselle, voir les pages 225, 246, 252 du même volume.

[3] Ceci est la version de Moréri et c'est la bonne. On lit dans le P. Anselme (t. II, p. 663) que Cominges avait été chargé « de faire passer des armes au sieur de Chambret et autres officiers à Bourdeaux. » Mais, dans ce cas, Cominges aurait été un traître, car le marquis de Chambret ou Chambaret était le général des Frondeurs bordelais, et il fut tué d'un coup de pistolet dans une bataille gagnée, près de Libourne, sur les rebelles par le duc d'Epernon (juin 1649). Je signalerai une erreur d'un autre genre dans cette phrase de Saint-Simon qui nous montre (t. VI, p. 303) Cominges chargé « de *faire passer par les armes*, 1er et 8 juin, Chambret et d'autres officiers de Bordeaux. »

[4] Saint-Simon, *ibid.* ; le P. Anselme, etc.

[5] Saint-Simon, *ibid.* ; le P. Anselme ; Moréri, etc. Cominges dut être ravi de cet ordre, lui qui, le 18 août 1649, écrivait à son oncle Guitaut (lettre déjà citée) : « Si vous jugés à propos d'assurer la Reine et Son Eminence que M. Du Dognon est un homme fort dangereux, vous le pouvés avec justice... Bien loing de nous assister, il nous a refusé des vaisseaux et des matelots pour nostre argent... »

plusieurs de ses amis [1] ; qu'en cette même année, le 7 septembre, il figura dans « la célèbre cavalcade faite pour la majorité du Roi [2] ; » qu'en 1656, il fut envoyé par la Reine vers Christine de Suède pour la complimenter à son entrée en France [3] ; enfin, qu'il jouait un grand rôle « dans les concerts de guitare » que le jeune Louis XIV « faisait quasi tous les jours [4]. »

Gaston de Cominges avait été sur le point de se marier, à Angoulême, dans son extrême jeunesse, avec une nièce de Louis Guez de Balzac, Marie de Campagnol [5]. A l'âge de trente ans, il épousa (le contrat est du 22 mai 1643) Sibylle-Angélique-Emélie d'Amalbi, fille unique d'André d'Amalbi, conseiller au parlement de Bordeaux, et de Sybille des Aigues [6] : il eut d'elle cinq enfants, trois fils et deux

---

[1] *Mémoires* de Mme de Motteville, t. III, p. 367.

[2] Mme de Motteville a inséré (*Mémoires*, t. III, p. 427-442) cette description « prise sur l'imprimé qui en parut alors. »

[3] Mme de Motteville dit de Christine (t. IV, p. 61) : « Cette reine connaissait si parfaitement toute la Cour, qu'en voyant Cominges elle lui demanda des nouvelles du bonhomme Guitaut, son oncle, et si elle ne le verrait point en colère ; car il était sujet à cette passion et s'en servait habilement : elle lui avait aidé à faire sa fortune, et la reine de tout temps avait pris plaisir à le voir en cet état. » Mme de Motteville (*Ibid.*, p. 70) nous montre encore Christine, à Paris, un soir du mois de septembre, parlant « de beaucoup de choses avec quelques hommes de la Cour, entre autres Cominges, qui n'était pas ignorant. » Mme de Motteville avait déjà dit (t. III, p. 140) : « Cominges, qui avait de l'esprit et qui avait beaucoup lu... » Voir aussi sur Christine et Cominges les *Mémoires* de Mlle de Montpensier (t. II, p. 459).

[4] *Mémoires* de Mme de Motteville, t. IV, p. 90. — Si l'on me reprochait d'avoir omis ici ce qui regarde l'arrestation du duc de Bouillon (juin 1642), je répondrais que c'est une faute d'impression des *Mémoires* de Mlle de Montpensier qui, en créant Cominges gouverneur de Casal, lui attribue cette arrestation. Cette faute d'impression a induit en erreur M. Chéruel, qui (note 1 de la p. 56 du t. I de son édition) a cru qu'il s'agissait, en cet endroit, de notre Cominges, alors que le gouverneur de Casal était le marquis de Couvonges.

[5] C'est Balzac lui-même qui nous l'apprend dans ce passage d'une lettre inédite à Chapelain (du 26 février 1646) : « Je l'ay connu à Angoulesme lorsqu'il y passa quelques jours avec M. le marquis de Montausier. Il eut dessein pour ma nièce bientost après et m'en fit parler par un gentilhomme de ses amys... » La charmante fille d'Anne de Guez et de François Patras de Campagnol devint, en février 1640, la femme de Bernard de Forgues, maréchal de camp.

[6] On a beaucoup parlé, beaucoup trop parlé de Mme de Cominges, au xviie siècle (elle mourut le 30 janvier 1709). Il paraît qu'elle était douée d'une rare beauté. L'abbé de Boisrobert, dans une épitre adressée de Poitiers où la Cour se trouvait, en novembre 1651, à Scarron (*Epistres en vers*, 1659, p. 89), a célébré avec enthousiasme « la belle Cominges. » D'un autre côté, l'abbé Barralis chanta ses louanges dans un sonnet enflammé qui est au tome IV (p. 297) du recueil de poésies publié par Sercy (1661). On peut voir le brillant portrait de Mme de Cominges, sous le nom d'*Emilie*, dans le recueil de portraits qui parut, en 1659, chez Barbin et Sercy (2 vol. in-8°, t. I, p. 136). Il est encore question de la belle Bordelaise dans la *Muse historique* de Loret, à propos d'un bal chez Monsieur (*Gazette* du 23 janvier 1655), dans le *Grand Diction-*

filles : l'aîné de ses fils, Louis, fut mestre de camp d'un régiment de cavalerie, gouverneur des villes, château et pays de Saumur, et, ce qu'a oublié le *Moréri*, aide de camp de Louis XIV [1]; le cadet, Philippe-Victor, et le troisième, François, tous deux capitaines de cavalerie, furent, l'un tué, l'autre blessé au service du Roi [2]. Quant aux filles, l'une, Louise-Henriette, fut religieuse de la Visitation ; l'autre, Anne, fut mariée en 1698, déjà plus que mûre, avec Jean-Baptiste Le Comte, seigneur de la Tresne, premier président du parlement de Bordeaux [3].

On possède de nombreuses relations, plus ou moins étendues, de l'arrestation du prince de Condé, de son frère et de son beau-frère. Il faut signaler, d'abord, les relations contenues dans les Mémoires de Mme de Motteville, du cardinal de Retz, de Guy Joly, de Claude Joly, de Lenet, du comte de Brienne, de Mlle de Montpensier, de Montglat, de La Rochefoucauld et de Tavannes. On doit signaler encore deux relations anonymes et spéciales : 1° *Récit véritable de tout ce qui s'est faict et passé à la détention des princes de Condé et de Conty et duc de Longueville, avec les protestations de fidélité, faites au roy, sur ce sujet, par les députez du parlement de Rouen* [4]; 2° *Histoire de la prison et de la liberté de monsieur le prince* [5]. Enfin, si l'on néglige les simples pam-

---

naire des Prétieuses de Somaize (où elle porte le nom de *Cesonie*), enfin et surtout dans les *Historiettes* de Tallemant des Réaux (t. V, p. 207, 369, 425).

[1] Dangeau (*Journal*, t. I, p. 8) rapporte que ce fut le jeudi 20 avril 1684 que « Cominges fut fait aide de camp du Roi. » Voir encore Saint-Simon qui, à l'occasion de la mort de Louis de Cominges (21 mai 1712), parle de sa prodigieuse grosseur, devenue proverbiale, de son esprit, de son honneur, de sa valeur, de son libertinage, etc. (t. VI, p. 303).

[2] Voir sur ce dernier Saint-Simon qui en fait un éloge complet (*Ibid*).

[3] Voir sur Anne de Cominges et sur le magistrat de Bordeaux qui épousa cette vieille fille, une plaisante phrase de Saint-Simon (*Ibid*). — Je reviens ici à la mère d'Anne de Cominges, pour citer, à propos d'elle, des stances de Saint-Evremond (*OEuvres complètes*, 1753, t. II, p. 90) : « A Mme de *Cominges, sur ce qu'elle dit un jour, à M. d'Aubigny, qu'elle aimerait mieux avoir été Hélène, que d'être une beauté médiocre.* »

[4] A Troyes, sans date, pièce de 8 pages in-4°. Au bas de la dernière page on lit : « Sur la coppie imprimée à Paris au bureau d'adresse, aux galleries du Louvre devant Sainct-Thomas. »

[5] Sans indication de lieu, mais Paris (Courbé), 1651, in-4° de 227 pages. On attribue à Claude Joly cet opuscule qui divertissait tant Mme de Sévigné (Lettre du 27 novembre 1675). Voir notamment M. Moreau (*Bibliographie des Mazarinades*, t. II, p. 52); M. V. Cousin (*Madame de Longueville*, in-8°, p. 274). Pourtant la chose ne serait pas tout à fait sûre, d'après M. P. Paris qui dit (*Historiettes*, t. III, p. 97) : « On a fait dans le temps, Joly ou l'un des Arnauld, une curieuse *Histoire de la détention et de la délivrance des Princes*. C'est une des meilleures mazarinades, et M. Moreau n'a pas manqué de la comprendre dans le choix des pièces dont il a formé deux bons volumes, pour accompagner et justifier la *Bibliographie générale des Mazarinades*. » Les souvenirs du savant commentateur de Tallemant des Réaux sont infidèles ici : M. Moreau n'a pas réimprimé cette pièce; il s'est borné à s'étonner « qu'on ne l'ait pas réimprimée à la suite des *Mémoires* » du chanoine et grand-chantre de Notre-Dame de Paris.

phlets [1], on peut mentionner sur le coup d'Etat du 18 janvier 1650, l'*Histoire de Louis de Bourbon, deuxième du nom,* etc., etc., par Pierre Coste (1re édition, Amsterdam, 1692, in-4°) ; l'*Histoire* du même prince, par Desormeaux (Paris, 1766, in-12, t. II) ; l'*Histoire de la Fronde,* par M. de Sainte-Aulaire (in-8°, t. II) ; l'*Histoire de France sous le règne de Louis XIII et sous le ministère du cardinal Mazarin,* par M. Bazin (édition in-12, t. III) ; l'*Histoire de France* de M. Michelet (t. XII), et celle de M. Henri Martin (t. XII), etc. De toutes ces relations, aucune n'est aussi exacte ni aussi complète que celle de Cominges [2]. Là, tout est retracé avec une netteté parfaite, les moindres actes, comme les moindres paroles, et, en comparant à quelques-unes des relations énumérées plus haut, ces pages où rien n'est omis, et où surtout rien n'est ajouté, on voit toute la différence qui existe entre le roman et la vérité.

C'est donc précisément la plus détaillée et la plus sûre de toutes les narrations d'un des plus singuliers épisodes de l'histoire de la Régence, qui n'a été encore nulle part utilisée ni même citée. Je suis heureux de faire cesser cette longue disgrâce et de mettre dans les mains des historiens soit du grand siècle, soit du grand Condé, un document aussi précieux.

DE CE [QUI SE PASSA QUAND] [3] MESSIEURS [LES PRINCES DE CONDÉ ET] DE CONTI ET DUC [DE LONGUEVILLE] FURENT ARRETEZ ET CONDUITS A VINCENNES.

Le 18e janvier 1650, au sortir de la messe qui fut dite dans la chappelle du Palais Roial, la Reine me tira à part dans son petit cabinet, et me dit ces paroles : « Comenge, l'estime que je fais de vous, et la fidélité avec laquelle vous m'avez servie, m'ont obligé de jetter les yeux sur votre personne pour vous confier une entreprise si considérable, que le bon ou mauvais succez en doit estre heureux ou fatal à la couronne. Je suis assez persuadée [4]. . . . . . justes

---

[1] M. Moreau, dans sa *Liste chronologique des Mazarinades,* à la fin du t. III de sa *Bibliographie des Mazarinades,* n'indique pas moins de cinquante-quatre pièces relatives à l'arrestation des princes. La première qu'il cite est la *Lettre du Roi sur la détention des princes,* etc., *envoyée au Parlement le 20 janvier* 1650 (Paris, 20 pages). M. Moreau en décrit deux éditions et une traduction (en italien). Le *Catalogue de la Bibliothèque nationale. Histoire de France* (t. II, p. 94), nous fait connaître neuf éditions de cette lettre, huit de l'année 1650, et une sans lieu ni date. Voir (*Ibid.,* p. 94 et 95) la liste de diverses pièces en vers burlesques sur le même sujet, liste à rapprocher de celle de M. Moreau.

[2] Bibliothèque Nationale, fonds français, n° 10712, p. 1 à 14. La relation est autographe.

[3] Une déchirure a fait disparaître les mots que je rétablis entre crochets et ceux que je remplace par des points, un peu plus bas.

[4] On voit que la Reine ne tutoyait pas Cominges, et que M. Michelet a eu tort (*Richelieu et la Fronde,* p. 329) de nous montrer Anne d'Autriche disant au lieutenant de ses gardes, en lui confiant le soin de prendre Broussel : « Va, et que Dieu t'assiste ! » Du reste, Mme de Motteville (t. II, p. 152) a rap-

. . . . difficulté
. . . . vient se
. . . . exécution ne vous
étonneront pas : aussi je vous assure que les récompenses seront proportionnées à la grandeur de l'action, et dignes de celle qui vous employe ; allez trouver M. le cardinal, recevez ses instructions, et donnez vos ordres pour exécuter les choses qu'il vous dira de ma part, et desquelles vous viendrez recevoir le commandement de ma bouche. »

Comme je voulois la remercier de l'honneur qu'elle me faisoit, elle m'interrompit pour me dire que j'allasse promptement advertir M. de Guitaud de venir la trouver en quelque état qu'il fust, parce que l'affaire ne pouvoit recevoir de remise sans un notable préjudice. Dans ce moment, le Roy s'approcha pour fere le tiers dans la conversation. La Reine le repoussa assez rudement contre son ordinaire[1], lui disant : « Mon fils, vous êtes un importun, vous voulez tout sçavoir ; je parle à Comenge de l'affaire qu'il a avec Crequi[2], elle se doit conclure aujourd'hui au Conseil. » Sur cela, le Roy se retira, et me donna lieu de fere une nouvelle protestation à la Reine de mon obéissance et de ma fidélité.

Cela fait, la Reine se mit à sa toilette pour s'habiller, où je demeurai quelque tems, afin de ne donner ni soupçon ni sujet de réflexion à ceux qui nous avoient vus dans un entretien assez long.

Lorsque je vis qu'on parloit de choses indifférentes, je sortis pour exécuter ponctuellement ce que S. M. m'avoit ordonné ; je descendis premièrement dans l'appartemant de M. de Guitaud, que je trouvay au lict, incommodé d'une foiblesse que lui avoit causée une violente attaque de goutte. Néantmoins il se leva sur le champ, monta chez la Reine et apprit de sa bouche la resolution qu'elle avoit prise de fere arreter MM. les princes de Condé, de Conti, et duc de Longueville. Il la remercia de l'honneur qu'elle nous faisoit de nous confier ce secret et de nous charger d'une affere si importante pour moy qui ne sçavois encore rien de la chose. Je ne laissay pas néantmoins de m'en douter par les connoissances générales qu'une longue habitude à la cour m'avoient pu donner. Je m'en allay chez Son Eminence, où je fus introduit par M. l'abbé de Palluau[3]. Sitôt que M. le Cardinal m'aperçut, il s'en vint à moy, les bras ouverts, et le visage riant, me fere des excuses de ce que mon affere de Crequi n'avoit pas été conclue le soir précédent, mais qu'il me donnoit sa parole qu'elle se fairoit au conseil du soir.

Je vis bien qu'il me parloit de la sorte, parce que MM. de Seneterre[4], de Servien[5] et un Père Carme étoient présens, et qu'il faloit que je dissimulasse

porté le véritable texte des paroles adressées *tout bas* par la Reine à Cominges, après le *Te Deum* chanté à Notre-Dame pour la victoire de Lens : « Allez, et Dieu veuille vous assister ! »

[1] Rappelons que Louis XIV n'avait pas alors atteint encore sa douzième année.

[2] François, marquis de Créqui, mort maréchal de France en 1687.

[3] L'abbé de Palluau était *maitre de chambre* du cardinal Mazarin (*Mém.* de Mme de Motteville, t. III, p. 291).

[4] Henri de Saint-Nectaire, marquis de La Ferté-Nabert, mort lieutenant général en 1662.

[5] Abel Servien, marquis de Sablé, mort ministre d'Etat en 1659.

à son exemple. Je repris son discours, et le suppliay de trouver bon qu'avant
l'entrée du conseil, je pusse l'entretenir de mon affere, qui n'y avoit pas été
bien déduite. Il reçeut la proposition, et me donna rendez-vous à deux heures
après midi. Dans cet intervale je retournay à la chambre de M. de Guitaud
pour sçavoir ce que la Reine lui avoit dit, et je trouvoy que je ne m'étois point
trompé dans mes conjectures et que toute l'affere étoit pour arrêter et conduire MM. les princes.

Je vous avoue que la grandeur de l'entreprise me donna de la crainte,
non pas pour ma personne, mais pour le succez de l'affere. Cela me fit rentrer
en moi-même, et songer aux expédiens les plus certains et les plus secretz
pour sortir à mon honneur d'une affere si difficile et si épineuse. Il y en eut
beaucoup qui se présentèrent à mon esprit, mais mon jugement ne les approu-
voit pas, si bien qu'il falut donner quelque chose à la fortune, sans pourtant renoncer aux règles de la prudence et de la précaution.

Pour cet effet, je donnay ordre à la sale des gardes de la Reine, de ne
laisser entrer personne de quelque qualité que ce fust, hors les ministres et les
secrétaires d'Etat.

Après cela j'envoiay chercher Thomassin et Saint-Esprit, exempts des gardes
de la Reine, avec ordre au premier de ne point abandonner la sale des gardes
et au second de s'assurer de neuf gardes dont la fidélité et le courage lui fus-
sent connus, sans lui découvrir rien de mon dessein, qu'en ce que je lui
ordonnai d'être toujours prêt pour exécuter mes commandemens. Il ne faut
pas que j'oublie une circonstance qui donna bien de la peine à M. de Guitaud
et à moy. Le jeune Guitaud, son neveu, qui a l'honneur d'être à M. le Prince
et en assez grande considération, vint ce jour-là diner avec nous [1]. Nous crûmes
d'abord qu'il étoit venu pour découvrir quelque chose, mais la suite justifia le
contraire. Durant le repas, M. l'abbé de Palluau me vint demander de la
part de Son Eminence. Le jeune Guitaud témoigna de l'inquiétude de ce mes-
sage. Il en demanda la cause à M. de Guitaud qui l'aiant payé de quelque raison,
sortit de table pour l'obliger de s'en aller, et pour tâcher en particulier de
bien prendre ses mesures. Cependant je montay chez M. le Cardinal, que je
trouvay seul dans sa chambre, une écritoire et du papier sur la table.

Il fut quelque tems sans me rien dire, et après s'être passé deux ou trois
fois la main sur le visage : « Hé bien, Comenge, que dites-vous de votre commission ? » — « Monsieur, lui répondis-je, je ne sçaurois vous en rien dire
que je ne la sache, la Reine m'a commandé de vous venir trouver pour être
instruit, avec ordre d'exécuter ce que vous me direz de sa part. Aussi, monsieur, vous devez espérer de moy toute sorte de fidélité, d'obéissance et de
secret. » — « Nous avons besoin de toutes ces qualitez, me répondit-il, et je

[1] Guillaume de Pechpeyrou-Cominges, comte de Guitaut, marquis d'Epoisse,
né le 5 octobre 1626, mort le 27 décembre 1685, gouverneur des îles Sainte-
Marguerite. Sur ce chambellan du prince de Condé, dont il reçut plus d'une
centaine de lettres conservées au château d'Epoisse, sur cet ami de Mme de
Sévigné, dont il est si souvent parlé avec tant d'éloges dans la correspon-
dance de la spirituelle marquise, voir, outre les principaux mémoires du
temps, une excellente notice, rédigée en grande partie à l'aide des documents
inédits du château d'Epoisse, dans les *Archives généalogiques et historiques
de la noblesse de France*, par Lainé (t. VIII, 1843, p. 29-40).

puis dire avec vérité que je me suis trouvé dans les mêmes sentimens que la Reine, lorsqu'il a été question de jetter les yeux sur quelqu'un pour l'exécution de la plus importante affere qui se soit faite depuis la monarchie. Enfin il faut arrêter M. le Prince[1], M. le prince de Conti et M. le duc de Longueville. Après une meure délibération, la Reine s'y est résolue, et l'on met aujourd'huy entre vos mains la fortune du Roy et l'établissement de son autorité. Ne doutez pas que le grand service que vous lui rendrez ne soit récompensé. Il ne reste donc plus que de trouver les moyens de fere réussir nôtre entreprise. Voici un modèle que j'en ay fait que je ne vous présente pas pour invariable; il faut qu'une partie se fasse par vôtre jugement et selon les événemens qui peuvent changer par les circonstances.

« Sous pretexte de fere conduire le sieur Descoutures[2] au bois de Vincennes, et sur l'avis qui nous a été donné que M. de Beaufort[3] veut fere quelque effort pour le sauver, Son Altesse roiale, M. le Prince et moy sommes demeurez d'accord de l'empecher, et pour cela on a commandé les gensdarmes du Roy pour son escorte qui se doivent trouver à l'entrée de la nuict dans le marché aux chevaux, et le maréchal des logis avec cinquante de mes gardes se doit trouver à la même heure sur le chemin de Vincennes, et le commandeur de Monteclair[4] avec tous mes gentilshommes et quelques uns de mes amis à Montmartre. On empêchera avec le plus de soin qu'il se pourra que personne n'entre chez la Reine que Messieurs du Conseil, et pour prétexter la difficulté qu'il y aura d'entrer, elle se mettra sur son lict, et fera dire qu'elle se trouve mal. L'on n'est pas assuré que M. de Longueville vienne ce soir au conseil, quoiqu'on l'ait fait avertir qu'on doit traiter des affaires de Munster dont il a une particulière connoissance par le long séjour qu'il y a fait en qualité de plénipotentiaire.

« En cas qu'il ne vienne pas, on a donné ordre aux chevaux legers du Roy d'investir Chaillot, lieu de sa demeure[5], et à quatre compagnies des gardes,

---

[1] Voir dans l'*Intermédiaire des chercheurs et curieux*, du 25 mars 1867 (col. 175), sous ce titre : *Ce que valait une promesse de Mazarin*, un billet tiré de la collection Dupuy, par lequel, deux jours auparavant, le cardinal s'engageait formellement à ne se départir jamais des intérêts de M. le Prince, et à y rester attaché envers et contre tous.

[2] Descoutures était un bourgeois de Paris, syndic des rentiers, chef des conspirateurs qui étaient accusés d'avoir voulu attenter à la vie de Condé, le 11 décembre 1649. Il est appelé *Couturier* dans les *Mémoires* de Tavannes, mais partout ailleurs Descoutures et notamment dans les *Mémoires* de Brienne, de Guy Joly, de Lenet, de Montglat, du cardinal de Retz et de La Rochefoucauld. On trouve quelques détails sur ce personnage dans la *Lettre d'un marguillier de Paris à son curé, sur la conduite de Mgr le Coadjuteur* (Paris, 1651, in-4°).

[3] François de Vendôme, duc de Beaufort, qui (2 septembre 1643) avait été arrêté au Louvre par François de Guitaut et conduit, le lendemain, au donjon de Vincennes, où il demeura cinq ans.

[4] C'est de lui qu'il est question dans ce passage des *Mémoires* de Montglat (édit. déjà citée, t. III, p. 123, à la date de septembre 1650) : « Le commandeur de Montecler, gouverneur de Dourlens, fut tué dans ce combat (près d'Aubenton). »

[5] Le duc de Longueville était malade à Chaillot, lieu qui n'est devenu un quartier de Paris que depuis 1788.

tant suisses que françoises, logées aux environs, de se saisir des advenuës.

« M. de Comenge aura soin de se charger des clefs de la porte de derrière du jardin du Palais Roial, et de celles du degré de la gallerie du conseil, qui lui seront données par l'abbé de Palluau.

« On trouvera à la porte un carrosse du Roy avec vingt soldats à pied pour l'escorter jusques à la porte Richelieu, qui sera gardée par quelques soldats de mes gardes, et là le sieur de Comenge trouvera le sieur de Bar [1] qui a reconnu les chemins les plus commodes pour le bois de Vincennes où il conduira ces messieurs avec ordre au sieur de Droit [2] de les recevoir et de pourveoir à leur seureté suivant le commandement qui lui en sera fait par M. de Comenge. »

Après que nous eumes raisonné sur ces moiens, Son Eminence me dit qu'à l'entrée du conseil, M. de Guitaud porteroit l'ordre, et que dans le meme tems avec le plus de diligence qu'il se pourroit, je leur ferois commandement de me suivre.

J'allay ensuite chez la Reine que je trouvay sur son lict, un peu plus émuë que le matin, sur ce que Son Altesse Roiale luy avoit mandé par M. Le Tellier [3] que rien n'étoit découvert, qu'il apprehandoit qu'on n'eust pas bien pris les mesures et qu'ainsi on pouvoit remettre au lendemain.

Ce que la Reine n'aiant pas approuvé, elle lui avoit envoié dire qu'il n'y avoit plus moien de différer, et qu'il faloit nécessairement suivre la délibération dont ils estoient convenus.

Sitôt que la Reine m'aperçeut, elle m'appella et me demanda si j'avois vu Son Eminence. Je lui répondis qu'oui, que tout étoit en bon ordre, et qu'il ne tiendroit ni à M. de Guitaud ni à moy qu'elle ne fust satisfaite. « Allez donc à la bonne heure, me dit-elle, je va me reposer, » et ayant fait tirer les rideaux de son lict, je m'en allay pour songer de rechef à fere réussir ma commission.

La première chose que je fis, ce fut de fere commandement à Saint-Elam, exempt des gardes de la Reine, de ne m'abandonner point, et de prendre le bâton afin qu'il pust me le donner au moment de l'exécution, n'aiant pas osé le prendre, M. de Guitaud le portant, de peur de fere soupçonner quelque chose.

[1] Guy de Bar, qui avait été capitaine des gardes du cardinal de Richelieu, mourut en 1695, lieutenant général des armées du Roi et gouverneur de la ville d'Amiens. Il fut chargé de garder les princes, d'abord à Vincennes, puis à Marcoussis et enfin au Havre. Voir sur ce *farouche* geôlier, comme l'appelle Guy Joly, presque tous les *Mémoires* du temps, mais surtout ceux de Mme de Motteville, et aussi l'*Histoire de la prison et de la liberté de M. le Prince* et l'*Histoire de Louis de Bourbon*, par Desormeaux (t. II, p. 332-336). Autant Desormeaux accable de Bar, autant, au contraire, il vante (*Ibid.*, p. 331) la courtoisie de Cominges, ses égards pour les princes et son « esprit vif et orné, » qui adoucit, pour Condé particulièrement, les ennuis des premiers jours de la captivité.

[2] C'était un capitaine des gardes. Mme de Motteville, comme Cominges, l'appelle *de Droit* ; Puységur, dans ses rares et curieux *Mémoires*, l'appelle *de Droët* ; enfin, Montglat, Omer Talon, Tallemant des Réaux l'appellent *de Drouet*.

[3] Michel Le Tellier, secrétaire d'Etat.

Ensuite je fis un tour dans la sale, où je trouvai M. de Guitaud, Thomassin et Saint-Esprit, auquel je communiquai les moiens que Son Eminence m'avoit presentez, mais craignant que le carrosse du Roi ne se trouvast pas à point nommé, et que même il se rompist en chemin [1], je resolus de fere venir le mien et six coureurs, afin qu'en cas que les carrosses vinssent à me manquer, je peusse fere monter ces messieurs à cheval pour les conduire, et bien m'en prit, car sans cette précaution l'affere étoit manquée, comme vous le verrez par la suitte. De plus, je donnai ordre au sieur de la Morière et au sieur Saint-Martin, l'un à M. de Guitaud, et l'autre à moy, de fere provision de flambeaux et de m'attendre avec mon carrosse et six chevaux à cinq heures du soir derrière le logis de Son Eminence.

Après avoir donné ordre à tout ce que je pouvois m'imaginer, je m'en allay au Palais Roial attendre l'heure du conseil.

Cependant tout étoit en allarmes dans le Palais Roial, chacun philosophant sur l'entretien que M. de Guitaud et moy avions eu deux fois avec la Reine. Les deux visittes que j'avois faites à Son Eminence ne donnoient pas moins d'inquiétude. Chacun s'approcha de moy pour reconnoître sur mon visage ce que je cachois dans mon âme, mais grâces à mon Dieu, je sçeus si bien me composer que je ne donnai nulle connoissance de mon dessein.

L'heure du conseil étant arrivée, chacun des ministres se rendit au Palais Roial, où l'on refusa la porte de la sale des gardes indifferement à tout le monde, ce qui donna encore beaucoup à penser parce qu'ordinairement on n'y apportoit pas tant de severité, mais il n'y avoit pas moien de fere autrement. Sur les quatre heures et demie, madame la princesse arriva [2]. Les gardes m'en aiant averti, je ne jugeai pas à propos de luy fere refuser la porte parce que sa qualité et son mérite particulier lui donnoient accez auprez de la Reine en quelque état qu'elle fust. Néantmoins j'en avertis Sa Majesté afin que son arrivée ne la surprist pas. Elle entra et après avoir demeuré quelque tems, M. le Prince, M. le prince de Conti et M. le duc de Longueville arrivèrent, tous trois avec dix ou douze gentilshommes et leur suite, qui demeurèrent dans le grand cabinet. M. le Prince me dit qn'il faloit avertir Son Eminence que tout le conseil étoit venu. Je pris ceste occasion pour l'aller chercher, il vint aussitôt et M. de Guitaud prit son tems pour demander à la Reine si elle étoit toujours dans la même volonté, ce que lui aiant confirmé, je me retiray aussitôt pour aller prendre les gardes et l'exempt qui se tenoient pretz, que je trouvai dans l'antichambre aiant fait cacher leurs carabines sous leurs manteaux. Je les fis filer deux à deux par les courts des cuisines, avec ordre

---

[1] Cominges se souvenait de tout ce que la fragilité des carrosses avait failli amener de redoutables conséquences pour sa vie, le jour de l'arrestation de Broussel. On sait que, ce jour-là, il eut deux de ces véhicules rompus sous lui.

[2] Sur l'entrevue de la Reine régente avec la princesse de Condé, voir les *Mémoires* de Lenet et ceux de Mme de Motteville. Cette dernière rappelle que Cominges, peu de jours après l'événement, lui en conta toutes les particularités. En voyant dans le récit de la femme de chambre d'Anne d'Autriche un certain nombre de circonstances qui ne se retrouvent pas dans le récit de Cominges, je me demande s'il n'y a pas là quelques-unes de ces *broderies* que les femmes les plus raisonnables aiment toujours un peu.

de m'attendre au grand degré de l'apartement de Son Eminence ; j'y fus presque aussitôt qu'eux, et leur aiant donné entrée dans la sale de ses gardes, j'en fis fermer toutes les portes et toutes les avenuës, et j'en confiay les clefs à l'enseigne de ses gardes, auquel je commanday [1] de se tenir auprès de moy, ce qu'il fit fort soigneusement. Cependant M. de Guitaud fit commander aux huissiers par la Reine même de fermer toutes les portes, et de ne les point ouvrir que par son ordre.

L'heure du conseil étant venue, la Reine dit à M. le Prince et à tous ces messieurs qu'ils passassent dans la gallerie du conseil, et qu'elle les alloit suivre un moment après, mais au lieu de les suivre elle s'enferma dans son oratoire avec le Roy, et dit à M. de Guitaud de faire sa charge. Il entra dans la gallerie, aiant fermé sur luy toutes les portes. Voiant M. le Prince auprès de la cheminée, il s'approcha de luy qui le prévint par un compliment qu'il luy fit en luy demandant s'il désiroit quelque chose de son service. Il luy dit qu'il avoit ordre du Roy de l'arrêter, à quoi il répondit en luy mettant la main sur l'épaule : « Guitaud, la raillerie ne vaut rien, cessons-la, je te prie [2]. » M. de Guitaud luy répondit : « Monsieur, Vôtre Altesse peut bien connoître à mon air que ce n'est pas raillerie, c'est tout de bon que je parle, et j'ay le même ordre pour monsieur vôtre frère et pour M. de Longueville. » M. le prince de Conti voiant quelque émotion dans cette conversation : « Qu'y a-t-il, monsieur mon frère ? » — « Ce n'est rien, lui répondit-il, c'est que Guitaud a ordre de nous arrêter, vous et moy et M. de Longueville. Mais j'espère que ce ne sera rien, et que Sa Majesté me recevra à justification. »

Pendant ce discours M. de Guitaud, parlant à M. le prince de Conti et à M. de Longueville, leur déclara la même chose. M. le Prince pria M. de Guitaud de sçavoir de la Reine si elle vouloit luy fere l'honneur de l'ouïr, ce qu'il fit, mais la Reine luy dit de fere sa charge. M. le chancelier [3] et M. de Servien luy firent

[1] Le cardinal de Retz nomme cet enseigne « Cressy » et ajoute que ce fut lui qui arrêta le duc de Longueville, pendant que Guitaut arrêtait Condé et que Cominges arrêtait Conti. Tavannes l'appelle « de Croissy, » et M. Moreau met en note (p. 21) qu'il était cornette des gardes de la Reine.

[2] Voilà le véritable mot dit par Condé ! A ce mot, on en a substitué une foule d'autres qui tantôt s'en rapprochent un peu, qui tantôt, au contraire, s'en éloignent beaucoup. Voir, pour ces diverses variantes, les *Mémoires* de Mme de Motteville, de Montglat, de Tavannes, de Brienne. Ce dernier, quoique témoin oculaire et auriculaire de la scène du Palais-Royal, a rapporté comme ayant été prononcées par les princes bien des paroles imaginaires. A-t-il été trahi par des souvenirs infidèles ? A-t-il voulu rendre sa narration plus animée, plus intéressante ? Ou enfin n'est-il pas l'auteur réel, soit en totalité, soit en partie, des mémoires que nous possédons sous son nom ?

[3] Pierre Seguier, mort plus qu'octogénaire en janvier 1672. Parmi les mots apocryphes des *Mémoires* du comte de Brienne, je citerai celui qu'aurait adressé Condé au chancelier qui cherchait à le rassurer, en affirmant que c'était là une plaisanterie de Guitaut : « Allez donc trouver la Reine, et faites-lui part de la plaisanterie ; pour moi, je ne me regarde que trop comme prisonnier. » M. de Sainte-Aulaire a trop facilement adopté le récit de Brienne (*Histoire de la Fronde*, t. II, p. 13) et en a trop vite conclu à la *niaiserie* de Seguier. La version de Tavannes serait, en tout cas, bien plus vraisemblable : « M. le Prince reçut d'abord cela comme une plaisanterie, mais ayant reconnu que

la même prière, et eurent la même réponse. Cependant M. le Cardinal rentra dans son apartement avec M. l'abbé de la Rivière qui fut fort étonné n'aiant rien sçeu de cette affere [1], et moi je m'en allay à la porte de la gallerie pour fere ma charge, sitôt que je fus averti par M. de Guitaud qui, aiant observé que M. le Prince regardoit les portes et les fenêtres, et même qu'il jettoit les yeux sur son épée, frappa de son bâton, qui étoit le signal que nous avions pris. Dans ce moment j'ouvris la porte, et suivi de neuf gardes et du sieur de Saint-Elam que je laissay à l'entrée, je dis à ces messieurs l'ordre que j'avois de les conduire.

D'abord, ils parurent étonnez, voiant que je les faisois passer par un petit degré assez obscur et sans lumière [2], mais ils se remirent promptement par l'assurance que je leur donnay que leur vie étoit en seureté, tant que j'aurois l'honneur de les avoir entre mes mains, et que je les suppliois très-humblement de croire que je n'étois pas capable d'une méchante action, et que la Reine étoit trop juste pour avoir de si mauvaises intentions. Après cette protestation : « Allons, mon frère, dit M. le Prince, Comenge est homme d'honneur, je le connois il y a longtems, sa famille et la nôtre ont toujours été en trop bonne intelligence pour avoir rien à craindre. Notre vie est en seureté, je vous en réponds. » Après cela ils m'embrassèrent avec une affection et une tendresse qui, hors l'intérest de la Reine, eust été capable de m'attendrir [3].

c'était tout de bon : Est-ce donc là, dit-il, la reconnaissance de ma fidélité et de mes services ? »

[1] Louis Barbier, abbé de la Rivière, mort évêque de Langres en 1670. Tous les mémoires du temps constatent la stupéfaction qu'éprouva l'aumônier du duc d'Orléans en apprenant la nouvelle de l'arrestation des princes. Lenet conte à ce sujet une anecdote piquante, mais que lui seul cautionne : « L'abbé de la Rivière était, pendant l'exécution de cet ordre, avec le cardinal Mazarin qui lui dit, quelques moments après : « Que diriez-vous, monsieur l'abbé, si « l'on vous disait que les princes de Condé et de Conti et le duc de Longueville « sont prisonniers ? — Je serais bien surpris, reprit l'abbé. — Bien, répondit le « cardinal ; soyez-le donc, car, à l'heure que je vous parle, on les mène au bois « de Vincennes. — Et Monsieur, dit l'abbé, le sait-il ? — Tout est concerté avec « lui, répondit le cardinal. — Je suis donc perdu ! » s'écria l'abbé de la Rivière... L'abbé ne se trompait pas : le lendemain matin, il reçut l'ordre de se retirer dans sa maison de Petit-Bourg. Citons ici le mot que Guy Joly attribue au duc d'Orléans sur la capture des princes : « Voilà un beau coup de filet ! On vient de prendre un lion, un singe et un renard. »

[2] On a faussement prétendu que Condé, à ce moment, se serait écrié : « Voilà qui sent bien les Etats de Blois ! » Cette phrase doit aller rejoindre, dans l'interminable série des choses qui n'ont jamais été dites... qu'après coup, ces deux autres phrases de Condé, d'abord son interpellation à Cominges : « Où vas-tu me mener ? Que ce soit au moins dans un lieu chaud ! » Et puis cette railleuse exclamation devant les gendarmes du Roi rangés dans la rue Vivienne : « Ce n'est point ici la bataille de Lens ! » Desormeaux a recueilli indistinctement tous les mots apocryphes ou authentiques rapportés par Mme de Motteville, par Brienne et par Montglat. La plupart des historiens postérieurs n'ont nullement songé à séparer, à cet égard, l'ivraie du bon grain. Puisse le sobre récit de Cominges rendre leurs successeurs moins imprudents !

[3] Mme de Motteville remarque, non sans une petite pointe de malice, qu' « il est certain que le prince ni le gentilhomme n'étaient pas tous deux accusés d'être susceptibles d'une grande tendresse. »

Nous marchâmes le long de l'allée du jardin, fort lentement, à cause de l'indisposition de M. de Longueville, que deux gardes soutenoient [1]. Ce fut dans ce lieu que M. le Prince fit quelques avances à M. de Guitaud sur le sujet de sa liberté, mais aiant trouvé en luy une fidélité modeste et respectueuse par son silence, il cessa ce discours. Nous arrivâmes à la porte que je fis ouvrir pour voir si les choses destinées étoient prêtes. Je n'y trouvai ni carrosse, ni gardes du Roy, ni même les officiers, qui n'aiant pas été avertis de l'importance de l'affere, ne s'estoient pas rendus ponctuellement à l'assignation, mais de bonne fortune mon carrosse s'y trouva attelé de six bons chevaux et suivi de six coureurs menez par des palfreniers.

Je crus qu'attendre davantage c'étoit ruiner une affere dont l'exécution n'avoit d'apparence que dans la diligence [2]. Cela m'obligea de fere sortir ces messieurs du jardin, et de les mettre dans mon carrosse. C'est ici qu'il faut que je vous avoue que la fortune a toujours plus de part dans les grands desseins que la prudence. M. le Prince, comme il me l'a dit depuis, eut dessein de se sauver, mais voiant deux ou trois hommes à cheval, il appréhenda d'être poussé et maltraité. Cela lui fit horreur et l'obligea d'obéir. M. le prince de Conti et M. de Longueville le suivirent. Je voulus fere monter un exempt nommé Saint-Esprit, dans le carrosse, mais il me pria de si bonne grace que je ne le fisse point que je ne pus lui refuser une chose qui paroissoit d'importance, mais qui ne l'étoit pas beaucoup à mon advis, parce qu'en cas qu'il se fust jetté hors du carrosse, un homme assuré et fidèle l'eust beaucoup embarrassé dans sa fuite, et eut infailliblement rompu son dessein, s'il l'avoit formé.

Comme nous fusmes en carrosse, M. le prince de Conti, après avoir embrassé M. de Guitaud, le pria de dire à la Reine de sa part que toute la grace qu'il demandoit étoit de n'estre point séparé de monsieur son frère. Je partis donc du Palais Roial moi septième, et allay le plus vite que je pus jusques à la porte Richelieu que je trouvay fermée, et qu'il falut fere ouvrir par force. A deux cens pas de là, messieurs de Miossans [3] et de la Sale [4], suivis de neuf gens d'armes et d'un page, me joignirent. Nous continuasmes nôtre marche par les plus mauvais chemins et les plus incommodes pour les carrosses qui soient en lieu du monde.

Sur ces entrefaites, un gentilhomme de Son Eminence, nommé Baisemos [5], me vint avertir que je ne pourrois jamais sortir de ces chemins. Je lui dis

---

[1] Mme de Motteville nous apprend qu' « il avait mal à une jambe et que, ne trouvant pas agréable de s'en servir en cette occasion, il allait lentement et mal volontiers. »

[2] De ceci, rapprochons la réflexion de Tavannes : « Il faut avouer que jamais entreprise ne fut exécutée avec plus de bonheur ni avec plus de diligence que celle-là. »

[3] César-Phébus d'Albret, comte de Miossans, alors lieutenant des gendarmes du Roi, et mort maréchal de France en 1676.

[4] Louis Caillebot, marquis de la Salle, alors sous-lieutenant des gendarmes du Roi, et lieutenant général le 10 juillet 1652.

[5] François de Monlezun, seigneur de Bezemaus, alors capitaine des gardes de Mazarin, et, plus tard, gouverneur de la Bastille. Bussy-Rabutin, à propos du mariage de Gabrielle de Monlezun avec le comte de Curson, écrivait, le 30 avril 1680 : « Baisemaux est le plus riche gentilhomme de France. »

qu'il n'y avoit plus de remède, et qu'il faloit nécessairement les suivre. Messieurs de Bar et de Pontet arrivèrent, qui avoient reconnu un chemin plus aisé, que nous prismes. Cela n'empescha pas que nous ne demeurassions embourbez près d'un quart d'heure sans apparence de nous en pouvoir tirer, et comme nous songions aux moiens de les conduire en seureté sur des chevaux, le maître d'hostel de M. de Guitaud, qui étoit avec moi, rencontra par hasard cinq chevaux de charrette qui se retiroient, lesquels joins aux miens nous tirèrent du bourbier. Nous marchasmes une heure sans inconvénient. Dans un mauvais chemin que nous trouvasmes ensuite, mon carrosse versa, et je me trouvai du mauvais costé. Son Altesse qui étoit au devant se jetta hors du carrosse. Je criey en même temps aux gardes de l'observer, ce qu'ils firent fort fidèlement[1]. M. de Miossans luy aiant donné la main pour l'aider, fut sollicité de le vouloir sauver, ce qu'il luy refusa quelques avantages qu'il luy proposât[2]. Je le fis remonter en carrosse et nous continuasmes notre chemin jusqu'au bois de Vincennes, où je trouvai une compagnie des gardes françoises et une de Suisses. J'entray dans le donjon après avoir pris toutes mes suretez, et j'envoiay à la Reine pour l'advertir de nôtre arrivée, qu'elle avoit déjà apprise par M. de Miossans[3].

J'ajouterai à cette curieuse relation deux billets inédits du comte de Cominges, dont la place se trouve naturellement à la fin de cette notice.

[1] Mme de Motteville ajoute que Cominges ayant commandé au cocher d'aller le plus vite qu'il lui serait possible, Condé lui dit en éclatant de rire : « Ne craignez rien, Cominges, personne ne doit venir à mon secours ; car je vous assure que je n'ai pris nulle précaution contre ce voyage. »

[2] Cet incident a été tellement grossi qu'on l'a dénaturé. Tout le monde n'a pas été aussi réservé que Mme de Motteville, qui se contente de répéter, d'après le récit à elle fait par Miossans, que ce dernier arrêta le prince au moment où il s'élançait dans un fossé et s'entendit dire : « Ne craignez point, Miossans, je ne prétends pas me sauver ; mais véritablement, si vous vouliez, voyez ce que vous pouvez faire. » Voici le dialogue, très-peu vraisemblable, que Lenet reproduit : « Le prince de Condé, qui ouït que ce gentilhomme le plaignait, lui dit ces mots : « Ah ! Miossans, si tu voulais !—Mon devoir, Monseigneur, lui répliqua-t-il.—Fais-le donc et ne t'amuse plus à me plaindre, » reprit le prince. Guy Joly prétend que Cominges ayant entendu la proposition adressée à Miossans par Condé, « lui dit qu'il était son très-humble serviteur, mais que, quand il était question du service du Roi, il n'écoutait que son devoir, et que s'il venait du monde pour les sauver, il les poignarderait plutôt que de les laisser sortir d'entre ses mains, etc... » M. de Sainte-Aulaire, qui me paraît avoir fort manqué de critique dans son livre sur la Fronde, admet sans hésiter (t. II, p. 14) la tragique historiette de Guy Joly. D'autres ont tout aussi inexactement rapporté que Condé avait dit à l'oreille de Miossans : « Voilà une belle occasion pour un cadet de Gascogne. » Voir l'*Histoire anecdotique de la Fronde*, par M. Aug. Challamel (1860, p. 151).

[3] Mlle de Montpensier était avec la Reine lorsque Miossans vint rendre compte au Palais-Royal de ce qui s'était passé dans le voyage. Mademoiselle assure que le futur maréchal d'Albret raconta que le prince lui avait dit : « Ah ! Miossans, vous me rendriez un grand service, si vous vouliez ; » et qu'il lui avait répondu : « Je suis au désespoir de ce que mon devoir ne le peut permettre. »

AU CHANCELIER SEGUIER [1].

Monseigneur,

Ce seroit fere tort à l'esprit et à la capacité des huissiers que vous avez envoyés par deça [2] de vous entretenir de ce qui c'est passé à Bourdeaux. Ils vous le diront beaucoup mieux que je ne sçaurois vous l'escrire. Je me servirai seulement de ce favorable rencontre pour vous assurer de mes très-humbles respecs et de la passion violente que j'ay toujours eu de vous rendre mes services avec la qualité glorieuse,

Monseigneur,

De votre très-humble et très-obéissant serviteur,

COMENGE.

A Cadillac, ce 3 aoust 1649.

AU CARDINAL MAZARIN [3].

Monseigneur,

Je ne doute pas que l'on ne mande à Vôtre Eminence ce qui c'est résolu dans le conseil qu'a tenu aujourd'hui M. de Vendosme, où j'ay assisté en conséquence de l'ordre de Sa Magesté, dont je rends grâces à Vôtre Eminence comme d'une faveur que je recognois venir de sa part. Toutefois si Elle souhaite d'en sçavoir le particulier, Elle poura l'aprendre de Monsieur le Mareschal du Plessys [4] auquel je le mande. Il pouroit bien encore arriver quelques petits obstacles, mais j'espère que nous les vaincrons. Messieurs d'Estrades [5]

---

[1] Bibliothèque Nationale, fonds français, vol. 17394, p. 62. Autographe.

[2] Les huissiers de la Chaîne qui étaient chargés de signifier au parlement de Bordeaux la déclaration royale par laquelle était prononcée son interdiction (du 12 juillet 1649). Voir sur la manière dont ces huissiers remplirent leur commission (24 juillet) d'abondants détails dans l'*Histoire de la ville de Bordeaux*, par Dom Devienne (p. 320-324), détails presque tous empruntés à l'*Histoire des mouvemens de Bourdeaux*, par le jurat Fonteneil (1651). Les deux huissiers n'y sont pas nommés, ce qui me décide à reproduire ici les quatre lignes qu'ils adressèrent au chancelier, deux jours après avoir exécuté ses ordres : « Monseigneur, nous vous envoions le procès-verbal de l'interdiction générale du parlement de Bourdeaux que nous avons faicte en conséquence de la déclaration du Roy, qu'il a pleu à Vostre Grandeur nous metre ez mains. Monseigneur le duc d'Espernon nous a retenus icy pour travailler à ce qui reste à faire, à quoy nous nous emploirons, comme nous debvons.

« Monseigneur, vos très-humbles, très-obéissans et très-fidèles serviteurs,
« QUIQUÉBEUF, HERBIN. »
(Fonds français, vol. 17394, p. 42.)

[3] Bibliothèque Nationale, fonds français, vol. 11633, non paginé. Autographe.

[4] César de Choiseul, comte du Plessis-Praslin, maréchal de France depuis 1645, duc et pair en 1665, mort en 1675.

[5] Godefroi, comte d'Estrades, mort maréchal de France en 1686. Je publierai bientôt de lui, avec d'assez nombreuses lettres inédites, une relation inédite aussi qui est du plus haut intérêt : c'est la relation de la défense de Dunkerque (1651-1652).

et de La Ferrère [1] sont de très-bons seconds l'un à l'aultre. J'y ferai en mon particulier ce que je doibs, et signerai mon advis avec ces messieurs, si l'on le souhaite, voulant avoir part au peril aussi bien qu'au conseil.

        Je suis,

      Monseigneur,

         Votre très-humble, très-obéissant et très-obligé serviteur,

                        Comenge.

A Bourdeaux, ce 23 octobre 1653.

[1] Ou La Ferrière. Voir *Archives historiques du département de la Gironde,* t. IV, p. 254, 255, 486.

Le Mans. — Imprimerie **Ed. Monnoyer**, place des **Jacobins**.

www.ingramcontent.com/pod-product-compliance
Lightning Source LLC
LaVergne TN
LVHW020645180726
843502LV00006B/2259